Como Solicitar Con Exito Su Tarjeta Verde

Marlen McLean

Cómo solicitar con éxito su tarjeta verde

por
Marlon McLean

Tabla de Contenido

Esta guía es únicamente para personas que desean hacer su propia petición. El proceso es menos intimidante de lo que retratan los abogados y las personas con una ganancia monetaria. Nunca he usado un abogado para ninguna de las personas a las que he ayudado con su propia presentación.

Cada persona a la que ayudé, ha regresado con otros en la misma fase de su camino hacia la libertad. Quería escribir este libro durante muchos años, pero como dicen, el tiempo lo es todo.

Cómo solicitar con éxito su tarjeta verde

¡**B**uenos días! Si estás leyendo esto, entonces es seguro asumir que tú también estás en la misma posición que yo una vez. ¡Es posible que conozca a un amigo o familiar que requiera esa esperanza y sueño de libertad! Vivir en los Estados Unidos durante casi tres (3) décadas. Hecompletado unos veinte (20) documentos o lo que usted llegará a conocer como una petición de residencia permanente y/o eliminación de estatus. Uno para mí, dos para ambos padres y el otropara amigos y familiares. Entonces, por decir lo menos, sé una o dos cosas cuando se trata de solicitar su tarjeta verde.

El libro discutirá mi comprensión de la famosa frase, "El sueño americano", que necesita solicitar el estatus de residente permanente (tarjeta verde), convertirse en titular de la tarjeta verde a través de la amnistía, el empleo, la búsqueda de asilo, hermanos, hijos, padres o patrocinio conyugal. El peticionario, beneficiario, formularios para presentar, procesos biométricos, médicos y de autorización de trabajo a esperar a lo largo de las diferentes etapas de su solicitud.

El sueño americano

¡El sueño americano! Antes de entrar en el jugo del asunto y guiarte para lograr esta preciosa pieza de plástico que tanto deseas. Su tarjeta de residencia permanente o como todos la conocemos, la tarjeta verde. Hagamos esta pregunta simple pero interesante. ¿Qué es realmente el sueño americano?

El sueño americano es comercializado por individuos como "una casa con una cerca blanca, un buen automóvil, una hermosa esposa / esposo y, por supuesto, los más pequeños". ¿A quiénes podría referirme como los "pequeños"? Bueno, nada menos que nuestros hijos. Verán, la cultura y la ideología estadounidenses construidas sobre la base de la familia y el futuro. Como descubrirá una vez que discutamos las formas de obtener la libertad de uno y obtener una porción del pastel de su propio sueño americano. Esta gran nación nuestra y la misma nación que están buscando un nuevo comienzo ha utilizado este enfoque estratégico, pero ingenioso, durante siglos.

Marketing en su máxima expresión. ¿Qué se comercializa podrías preguntar? ¡Todo! Todo lo que deseamos y más, eso puede ser descabellado en nuestra tierra natal. Entonces, digo esto para decir, que el sueño americano será diferente para todos. Todos venimos de diversos orígenes con diversas culturas, creencias, metas, moral, sueños y aspiraciones. Lo que nos hace iguales es que TODOS buscamos una cosa. Nuestra versión del sueño americano se ha comercializado, empaquetado y vendido perfectamente.

¿Quién necesita una tarjeta verde en Estados Unidos?

Con suerte, al final de esta guía. Tendrá más conocimiento sobre los pasos, procesos y cambios de regulaciones para lograr también su tarjeta dorada. Si nació en cualquiera de los territorios de los Estados Unidos de América, entonces no necesita solicitar una tarjeta verde. Estos territorios incluyen Samoa Americana, Guam, Islas Marianas del Norte, Puerto Rico y las Islas Vírgenes de los Estados Unidos. Por lo tanto, si usted es ciudadano de cualquiera de estos territorios, esta guía no se aplica a usted. Todos los demás que hayan nacido fuera de los Estados Unidos de padres no ciudadanos de los Estados Unidos requerirán una tarjeta verde.

¿Qué es una Green Card (Tarjeta de Residente Permanente)? Esta es una documentación emitida por el gobierno que permite a una persona vivir y trabajar en los Estados Unidos de forma permanente y legal. Este documento es emitido por los Servicios de Ciudadanía e Inmigración de los Estados Unidos, famosos llamados USCIS. Una tarjeta verde es válida por diez años. El titular debe renovar su tarjeta verde noventa (90) días antes de que expire su tarjeta de residente permanente.

Cómo convertirse en titular de una tarjeta verde

Esto variará de muchas maneras según el lugar donde viva y los procesos de solicitud para su país, la persona que presenta la petición en su nombre, la orientación política y sexual, y usted el beneficiario de la petición. Discutamos las diferencias una por una. Una persona que vive en un país con un sistema de lotería puede no necesitar que se presente una solicitud en su nombre. Sí, esto es cierto. Una lotería para tarjetas verdes. El gobierno de los Estados Unidos tiene programas para países específicos, donde las personas de esos países pueden postularse y ganarse a sí mismas, una oportunidad para alcanzar el sueño americano.

Antes de decir que no, ¡es basura! Trabaje con personas que vinieron personalmente a Estados Unidos a través de este programa. ¿Recuerdas antes que mencioné que la mejor estrategia de marketing de Estados Unidos era el sueño americano? Bueno, el gobierno tiene una cuota que deben alcanzar para cada región. Esta cuota está determinada por muchos factores, como el conjunto de habilidades, la educación, los socorristas, el ejército o los médicos. Por ejemplo, digamos que el USCIS tiene 10,000 tarjetas verdes y hay un grupo específico de habilidades y talentos educativos en Nigeria. Luego, encontrará un sistema de lotería en esa región que se dirigió a esta necesidad. Me gusta ver esto como un sistema de contrato moderno, pero con muchos beneficios lucrativos para usted y su familia.

Ahora, esta será una de las maneras más fáciles de obtener su tarjeta de residente permanente o, como la conocemos, una tarjeta verde. Tenga en cuenta que hay pautas y criterios que el individuo debe cumplir para ser considerado como un candidato elegible. Esto puede variar desde la situación financiera de una persona hasta una formación académica individual. Sin embargo, esta guía se centrará en las personas que viven en el extranjero o viven en los Estados Unidos actualmente y están interesadas en pasar por el proceso de solicitud para solicitar un miembro de la familia o para presentar una petición por sí mismos.

Ya sea que elija presentar un proceso de solicitud en nombre de un miembro de la familia o en su nombre, si vive en los Estados Unidos o desea vivir algún día legalmente en los Estados Unidos, una persona debe presentar lo que se llama un formulario I-130 ante el USCIS. Más adelante, discutiré este formulario y otros formularios asociados con el proceso de solicitud y/o petición. Hay alrededor de cinco formularios que el USCIS requerirá que presente para completar el proceso de solicitud. Dos o tres de los formularios tendrán una tarifa de solicitud asociada con completar ese formulario. Solo tenlo en cuenta. Esto diferirá según el estado de todos. Hablaré sobre cada documento y explicaré quién debería considerar archivarlo junto con el resto de los documentos necesarios.

Amnistía

Una posibilidad remota de todos los demás de los que hablaré es Amnistía. Amnistía es donde el presidente de los Estados Unidos otorga indultos a las personas que viven ilegalmente en los Estados Unidos. El 6 de noviembre de 1986, el presidente Ronald Reagan promulgó la Ley de Reforma y Control de Inmigración (IRCA). Sin embargo, con todos los grandes comerciales y el anuncio del sueño americano. ¡Por favor! ¡Por favor! Lea la letra pequeña. Son criterios requeridos como la cantidad de tiempo que un individuo ha vivido en los Estados Unidos y el puerto de entrada. Hablaré más sobre la entrada y lo esencial que será para que te conviertas en residente permanente. Esto no es por casualidad. Esta es una táctica del gobierno para aprovechar a los millones de personas indocumentadas que trabajan en Estados Unidos. Si hay algo que el gobierno de los Estados Unidos odia, es no obtener su recorte de impuestos. Ya estás aquí; Costará millones encontrar y llevar a todos los inmigrantes indocumentados ante la justicia.

Sí, quedarse más tiempo de la visita o ingresar ilegalmente a los Estados Unidos es punible por ley. No hay necesidad de entrar en pánico mi amigo. La agencia gubernamental conocida como ICE o Servicio de Inmigración y Control de Aduanas de los Estados Unidos no pierde tiempo y recursos en personas que intentan tener una vida mejor. Además, ¿qué beneficio tendrá esto para la economía? Los migrantes constituyen una gran parte de la fuerza laboral de los Estados Unidos. Esta gran nación fue construida sobre la premisa de los inmigrantes. Respetan la ley si eres lo suficientemente tonto como para pensar que puedes ser una molestia para la sociedad y sus ciudadanos.

El programa de amnistía es una gran herramienta para muchos en el estado, y las otras formas de obtener una tarjeta verde no se aplicarán. La parte triste es que esto sucede una vez de vez en cuando, con una reacción política severa y proyectos de ley que son derribados en el Congreso. Puede tomar décadas para que un proyecto de ley de amnistía se convierta en ley nuevamente. Después de lo cual, pasan meses antes de que una persona pueda solicitar bajo ese proyecto de ley, que es posible que no cumpla con las especificaciones enumeradas en el proyecto de ley. Por lo tanto, pondría esto como mi opción menos favorable.

Empleo

Otra forma de obtener una tarjeta de residencia permanente o una tarjeta verde es por el empleador. Esto es complejo hasta cierto punto, ya que se refiere a visas con condiciones de permiso de trabajo. A menudo se da a actores, artistas de grabación, políticos o maestros para enumerar varias profesiones que les otorgan el privilegio de una visa de permiso de trabajo.

Ninguna parte de esto es un privilegio de permiso de trabajo. Un privilegio de permiso de trabajo otorga al titular beneficios similares a los de un titular de la tarjeta verde. El titular del permiso puede vivir y trabajar legalmente en los Estados Unidos con restricciones. Estas restricciones varían según los motivos y el propósito del permiso emitido. Por ejemplo, un maestro o médico puede solicitar y se le puede otorgar un privilegio laboral. Mientras esté en los Estados Unidos, el empleador del titular del permiso puede presentar una petición para que a esa persona se le otorgue la residencia permanente.

Por otro lado, un empleador puede hacer lo que se conoce como un explorador de adquisición de talentos para encontrar y asegurar a un individuo específico y su talento. El empleador acepta presentar una petición para el individuo y su familia a cambio de su compromiso con el empleador. Esto generalmente es por varios años, después de lo cual, el empleado puede permanecer con el empleador o mudarse de ese establecimiento. Verá que este tipo de casos son generalmente para maestros, abogados, médicos, trabajadores especializados como (soldadores submarinos) o agentes de la ley, por nombrar algunos.

La desventaja para el individuo que ya vive en los Estados Unidos con un permiso de trabajo en comparación con el individuo que ha sido explorado por un empleador es: el empleador primero debe probar y demostrar que ha agotado todos los recursos para encontrar un candidato que ya vive en los Estados Unidos. Sé lo que estás pensando, todo lo que los empleadores deben hacer es publicar un anuncio en un periódico sin nombre, ¿verdad? ¡No! Si piensas esto, estás equivocado amigo mío.

Deben comercializar el puesto como lo harían con cualquier otro y realizar los procesos completos de entrevistas para todos los que soliciten. Además, tenga en cuenta que todos los recursos, incluidos los empleos, deben otorgarse primero a los ciudadanos de los Estados Unidos. Por lo tanto, si un ciudadano tiene las mismas calificaciones que usted, ese empleador primero debe ofrecer el puesto al empleado ciudadano. El empleado no puede conspirar para darle el trabajo a un residente extranjero. No, no te estoy llamando un "extraterrestre" real del espacio, pero este es el término utilizado por el USCIS para describir a un individuo que nació y es ciudadano de otro país.

Usted, como empleado que trabaja bajo un permiso de trabajo, es responsable de cómo va su fe en la petición. ¡Sí, puedes determinar tu fe! ¿Cómo podrías preguntar? Llegar tarde al trabajo, no completar la tarea que se le ha asignado, salir antes del trabajo o llamar todo el tiempo. Cualquier cosa que deje a su empleador cuestionando su decisión de contratarlo no debe ser algo con lo que desee asociarse. Considere tener un permiso de trabajo como agente temporal. Se le asigna un trabajo temporalmente. Una vez que se completa ese trabajo, habrá terminado hasta su próxima tarea.

Deberías ser el primero allí todos los días. El último en irse, pida ayuda en cualquier área y ofrezca venir en los días libres. Confíe y crea que su empleador lo notará. Recuerde que está audicionando para su empleador no solo para verlo como un activo para su empresa, sino también para verlo como la base esencial del deseo y las necesidades de su empresa. Esta audición te hará irremplazable. Por lo tanto, cuando llegue el momento de tener conversaciones sobre su estado de residente, un empleador no lo pensará dos veces antes de patrocinarlo.

Por el contrario, al trabajar con un permiso de trabajo, el empleador puede saber que usted puede hacer mucho y usar esto para su ventaja. Por lo tanto, saber quién es su empleador y sus partes interesadas es vital. Tenga cuidado con en quién confía y qué tan pronto expone su estado. Cada experiencia individual no será la misma, solo mantén esto en la parte posterior de tu cabeza. A medida que navegue por su trabajo diario, conocerá a sus compañeros de trabajo y empleador. A veces es posible que deba buscar otro empleo en otro lugar. Porque el trabajo y/o el empleador que cree que eventualmente ayudará y patrocinará una tarjeta verde no lo hará.

Mientras que la posición de empleado explorado y nuestro talento están documentados como demandados sin un candidato viable dispuesto a asumir la tarea. Por lo tanto, poner al empleado explorado en una mejor posición de que se le ofrezca la residencia permanente o su tarjeta verde. El hecho de que resuelvan al individuo, es menos probable que el USCIS rechace la petición. Recuerda que antes hablé de la lotería. Los individuos también pueden caer en esta categoría. El trabajo de esta persona ha hablado por ellos y por qué son expertos se está clasificando. A diferencia del titular del permiso, no hay preocupaciones para intentar y audicionar.

Solicitantes de asilo

Los solicitantes de asilo son personas que buscan asilo en los Estados Unidos por una variedad de razones desde su país de nacimiento natal. Estos son, entre otros, crímenes de odio, refugio político, creencias religiosas, razones de salud u otras razones no reveladas. Las personas que buscan asilo suelen estar en peligro o pueden estar en peligro por las amenazas en su país de ciudadanía. La persona debe presentar el formulario I-589 ante el departamento de USCIS. Tenga en cuenta que para las personas que buscan esta protección del gobierno de los Estados Unidos, se deben cumplir algunos criterios. No puede estar asociado con el crimen y la violencia, o cualquier otra actividad criminal. Haber sido arrestado por ciertos delitos de ano hacia otras personas. Una amenaza para el gobierno de su nación.

El crimen de odio puede ser la elección de pareja de una persona. Una persona que vive en un país que condena las relaciones entre personas del mismo sexo y el lesbianismo puede solicitar asilo al USCIS. El peticionario debe probar que de hecho está en peligro y vive en una región donde su vida está en peligro por su estilo de vida y orientación sexual.

Al igual que los crímenes de odio, las personas que buscan refugio político también están en peligro de sus vidas. Cada caso variará según el país, la profundidad del individuo y el estatus político. Información y conocimiento que posee el individuo.

La salud es otra forma en que una persona buscará asilo. Problemas de salud o mejores instalaciones de tratamiento.

Al igual que el otro, el individuo tendrá que demostrar que su dolencia necesita tratamiento e interferencia tecnológica de médicos no accesibles en ese país individual.

Nunca he completado ningún formulario para estos casos. Con base en la complejidad de estos casos y la singularidad de cada caso, esta será la única vez que recomendaría que un abogado de inmigración supervise los procedimientos. Las personas afortunadas de abandonar su país natal y llegar a los Estados Unidos pueden comenzar el proceso una vez en suelo estadounidense. Sin embargo, una persona no tan afortunada toma medidas drásticas para llegar a suelo estadounidense, a menudo visto como violar ilegalmente la frontera, ya sea en barco o cruzando la frontera mexicana. Con las otras formas de presentación, otros pueden encontrar este proceso más fácil que otros debido a sus conexiones, nivel de educación y situación financiera.

Los siguientes tres son los más influyentes y menos estresantes para el beneficiario de una petición. Comenzaré con el camino menos común al más común hacia la libertad y el sueño americano. Todos requieren requisitos similares del peticionario, la persona que presenta el formulario y usted, el beneficiario que recibe la petición.

Hermanos

Recuerden, Estados Unidos es una nación impulsada por la familia. Hermanos que se relacionan inmediatamente ya sea por sangre o adopción. Puede presentar y patrocinar al otro. Si el hermano vive legalmente en Estados Unidos, ya sea como titular de una tarjeta verde o como ciudadano, puede presentar una petición para su hermano o hermana. La desventaja de esto será el tiempo. Sí, el peticionario y el beneficiario están relacionados, pero según los estándares de USCIS, usted no tiene una relación inmediata (padre o hijos). Tomará alrededor de diez (10) años completar el proceso de solicitud. Con la larga espera, esto es menos favorable para los familiares y sus familias.

Niños

En el pasado, el gobierno de los Estados Unidos tenía la iniciativa No Kid Left Behind. Utilizo el término en el pasado porque desde entonces han cambiado su política, después de muchos abusos por parte de individuos y una afluencia de migrantes. Bajo esta iniciativa, los padres vendrían a los Estados Unidos para dar a luz intencionalmente, si ya estaban embarazadas. Otros pueden tener una visa de visita. Una visa emitida a la(s) persona(s) de la Embajada de los Estados Unidos en su país será por término. Estos términos varían de uno (1), cinco (5) o diez (10) años. A los titulares de visas a su entrada en los Estados Unidos se les dará un cierto tiempo de estadía. Por lo general, de tres (3) a seis (6) meses.

Después de que el tiempo permitido haya expirado, el titular de la visa debe y se espera que regrese a su tierra natal. Sin embargo, una persona puede decidir no regresar y quedarse más tiempo del permitido. Durante esto, puede encontrar el amor y decidir formar una familia. Ya sea que hayas comenzado tu familia aquí o que hayas venido a dar a luz aquí intencionalmente. Ese niño será un ciudadano automático una vez que nazca en suelo estadounidense, independientemente del estado migratorio de sus padres y el país de ciudadanía. Como dije, esto está cambiando lentamente, ya que USCIS y el gobierno de los Estados Unidos intentan prevenir el abuso.

El niño o niños nacidos en Estados Unidos pueden presentar una petición para su(s) padre(s). ¿Cuál es el truco?

Esto suena demasiado fácil, te preguntarás. ¡Sí! Hay una trampa. El niño nacido en Estados Unidos primero debe cumplir dieciocho años. En su decimoctavo cumpleaños, pueden comenzar el proceso para sus padres. La desventaja de esto es que USCIS requiere cierta capacidad financiera para apoyar al beneficiario. Discutiré los criterios y requisitos financieros que el USCIS requiere más adelante en esta guía.

    ¿Qué pasa si el niño no nació en Estados Unidos sino que vivió en los Estados Unidos? Los criterios son los mismos. La única diferencia es que los niños o el niño deben al menos ser titulares de una tarjeta verde para presentar la petición.

Padre(s)

Un padre que vive en los Estados Unidos,
independientemente de la cantidad de años que han vivido en
los Estados Unidos, debe ser titular de una tarjeta verde o
ciudadano de los Estados Unidos. Cuanto más pequeños sean
los niños o el niño, menos tiempo tardará en completarse el
proceso de solicitud. Por ejemplo, digamos que usted, el
padre, es titular de una tarjeta verde y su hijo es menor de
dieciocho años. El proceso de solicitud tardará unos tres años
en completarse.

¿Por qué el proceso es tan largo? El USCIS procesó la
solicitud de residencia permanente por el año en que se
presentó la solicitud y la antigüedad. Además, ¿recuerdas que
mencioné que tienen una cierta cuota que deben alcanzar?
Por lo tanto, tenga en cuenta que su solicitud se está
procesando con todos los demás países del mundo. Otro gran
retraso en el proceso será una solicitud incompleta o la falta
de pago cuando se presentó la solicitud.

Ahora, digamos que durante el proceso de tres (3) años,
el peticionario se ha convertido en ciudadano. Esto cambia
toda la línea de tiempo porque ahora su estado en los Estados
Unidos tiene. Ahora la solicitud anterior tiene su estatus
como titular de la tarjeta verde, pero ahora usted es un
ciudadano. Por lo tanto, se debe completar una enmienda en
el camino del peticionario. Detener el proceso de solicitud.
Una vez que la enmienda haya sido recibida por el USCIS, la
solicitud continuará.

Un ciudadano que presenta una solicitud para su(s) padre(s). Este fue mi caso. Cuando comencé el proceso de solicitud, para ambos padres, esto tomó alrededor de dieciocho (18) meses debido al hecho de que era ciudadano de los Estados Unidos. Algo a tener en cuenta es que es mejor obtener la ciudadanía antes de comenzar el proceso de solicitud porque reduce el tiempo de solicitud a la mitad.

En algunos casos, las circunstancias pueden hacer que un padre obtenga su tarjeta verde tarde en la vida. Los padres-hijos pueden ser mayores de dieciocho años en este punto. No es justo, esto no le impedirá solicitar a su hijo o hijos. Solo tomará más tiempo procesarlo. Peor si el propio beneficiario ha formado una familia. Puede presentar el formulario de solicitud I-130 para todos los niños y sus nietos. Sin embargo, tres años ahora pueden ser más como cinco (5) años.

Esposa/Esposo

El más popular entre todos ellos es el patrocinio conyugal. Ya sea una esposa o un esposo. Hemos cubierto numerosas formas de convertirse en titular de una tarjeta verde y obtener libertad hacia el sueño americano. Ya sea que viva en los Estados Unidos o actualmente viva en su país natal. El patrocinio del cónyuge es la forma más rápida de obtener una tarjeta verde. Tanto es así, que la gente está dispuesta a entrar en un matrimonio pagado. No estoy aquí para decir lo que es moralmente correcto y lo que no lo es en lo que respecta a la unión sagrada del matrimonio.

Si se casa con un titular de la tarjeta verde mientras vive en los Estados Unidos. Tendrán que presentar la petición por usted. Tomará alrededor de dos años completar el proceso de solicitud. Si la unión entre usted y su cónyuge produce hijos. Esto acelerará el proceso porque American no quiere que el padre busque el apoyo del gobierno. Otro beneficio de tener un niño involucrado es que esto demuestra que el matrimonio es legítimo. No piense que el USCIS es ajeno a los matrimonios pagados.

Ahora, la mejor y segura manera de convertirse en titular de una tarjeta verde es el matrimonio con un ciudadano de los Estados Unidos. Su cónyuge puede ser ciudadano por nacimiento o naturalización. Si se ha presentado toda la documentación adecuada, el proceso de solicitud puede tomar tan solo seis (6) meses para las personas que viven en los Estados Unidos en el momento de la presentación. Hasta un año si el individuo vive fuera de los Estados. Esta es la mejor opción pero no la más fácil. Hay mucho más que entra en este proceso. Puede optar por la gran boda o, como yo, mantenerlo simple y simplemente ir a su juzgado local.

Ahora que he cubierto las diversas formas de convertirme en un residente permanente legal y poseer esa preciada pieza de plástico. Hablaré sobre lo que se debe y no se debe hacer mientras vives en el Estado o en el extranjero. En todas las áreas de las que hablo, si pueden recordar, siempre menciono que hay criterios para cada una. Reglas y pautas que deben seguirse para garantizar un proceso de solicitud sin problemas. Dividiré esto en dos partes, el peticionario (la persona que solicita en su nombre) y usted el beneficiario de la solicitud.

El peticionario

Independientemente de quién sea esta persona, esto se aplica a todas las personas que presentarán el formulario I-130 USCIS. El individuo debe estar trabajando y puede demostrar que tiene una forma constante de empleo con poca o ninguna brecha entre los empleadores. No debe estar en ninguna deuda financiera. Puede que no esté en ninguna forma de apoyo gubernamental. Asistencia de vivienda, Medicare, programa de cupones de alimentos, asistencia social o cualquier otra ayuda del gobierno. Esto parece increíblemente simple, ¿verdad? ¡No! Te sorprenderá cuántas personas no cumplen con este requisito.

Quieren que usted esté en buena situación financiera para apoyar al individuo. Lo que significa que tus ingresos serán un factor determinante dependiendo de cuántas personas estés patrocinando. Quieren saber si alquilas o eres dueño de donde vives. ¿Vives solo o con tu familia? Todo esto determinará si usted es apto para patrocinar a un individuo. Por ejemplo, usted gana $ 40,000 anualmente y vive en Nueva Jersey. El costo de vida para la familia promedio es de $ 70,000. Ya estás $30,000 por debajo de la línea de pobreza. Haciendo que no seas apto para patrocinar a nadie por ti mismo.

Cuantas más personas haya en la solicitud, más respaldo financiero necesitará para demostrarle al USCIS que esta persona no será una carga para el sistema de bienestar de los Estados Unidos. También se ha hecho para proteger a las personas que vienen a vivir a Estados Unidos y no tienen familiares o amigos que los apoyen si el peticionario cae en tiempos difíciles. Además, si el peticionario cambia de trabajo con frecuencia o está desempleado durante muchos meses al año. Esto será una mala señal y una señal de alerta para el agente que procesa la solicitud.

El crédito y la deuda también juegan un factor crucial. Deberá proporcionar a USCIS su número de seguro social en varios formularios que discutiré en breve. Le harán estas preguntas en los formularios, ya que debe proporcionar no solo documentación de empleo, sino también estados de cuenta bancarios de al menos tres (3) ciclos de facturación y declaraciones de impuestos por hasta cinco (5) años. ¿Por qué quieren estar todos en mi negocio? Usted está tratando con el gobierno; Están buscando patrones e historia para conocerlo mejor a usted, el peticionario. ¿Recuerdas que te dije que tienen un número limitado de tarjetas verdes para emitir? Para poner tu mente alrededor de ello. Digamos que reciben un millón de solicitudes al año. Solo tienen 100,000 tarjetas verdes para emitir. Por lo tanto, deben encontrar formas de eliminar a los solicitantes.

Otro problema son los antecedentes penales. Sí, lo que haces en tu pasado puede volver a atormentarte. Hay excepciones al tipo de ofensiva, pero si caes en esa categoría, sé honesto al respecto en la aplicación. Lo último que desea hacer es poner en peligro la solicitud para una solución simple porque mintió. Las ofensivas pueden variar desde DUI, delitos menores, hurto menor o doméstico, por nombrar algunos. Una vez más, no están tratando de juzgar su proceso, sino simplemente tratando de asegurarse de que el beneficiario esté seguro bajo su cuidado.

La verificación del estado de cuenta bancario es para asegurarse de que usted, el peticionario, no pidió prestado el dinero para traicionar a la agencia de USCIS. Debe tener una cierta cantidad de activos líquidos (efectivo) en el banco. También están buscando rasgos sobre ti. La señal más grande es vigilar el dinero. Ellos pueden determinar si la información que ingresó al I-130 y otra documentación coincide. Pueden hacer todo esto desde mis extractos bancarios. ¡Seguro! Si les dice en la solicitud, gano $ 4,000 cada mes después de impuestos de un trabajo y otros $ 1,200 de un trabajo a tiempo parcial. Eso es $ 5,200 cada mes. Tras una verificación adicional, su estado de cuenta y cheque de pago muestran que solo gana $ 3,500. Esta es una gran discrepancia. Llevar al agente a pensar sobre qué más podría estar mintiendo en la aplicación.

Por favor, asegúrese de que todos sus documentos estén en buen estado y esté preparado para presentar una gran cantidad de documentos originales, como un certificado de nacimiento si nació en los Estados Unidos. Certificado de ciudadanía si usted es ciudadano naturalizado. Todo le será devuelto una vez que se complete el proceso de solicitud. Antes de que se me olvide, por favor durante este proceso mantenga su empleo. Incluso después de que se haya presentado la solicitud y después de su finalización. El beneficiario está legalmente bajo su cuidado durante los próximos 3-5 años. Durante este tiempo habrá varias otras entrevistas en persona administradas por la agencia de USCIS en su estado de domicilio.

El beneficiario

Primero, hablemos del beneficiario que ya vive en los Estados Unidos. Usted tiene un papel importante en cómo se determinará su proceso de solicitud. Su acción puede determinar si se le otorga el estatus o se le niega y se enfrenta a la deportación. Comencemos diciendo, manténgase fuera de problemas. Lo último que quieres es estar bajo cualquier forma de custodia policial de cualquier forma. Bajo ninguna circunstancia debe ser arrestado. A diferencia de todos los demás, un simple arresto puede ser una noche en los Estados Unidos o en la cárcel de la ciudad. Para usted, esto podría significar pasar tiempo en un encierro de ICE, perder el único trabajo que estaba dispuesto a contratarlo y más ramificaciones. Recuerda que te dije que ICE odia el uso de recursos a menos que estés haciendo un tonto. Hablé sobre el puerto de entrada antes cuando hablé sobre la amnistía. Un puerto de entrada es la forma de ingresar a los Estados Unidos.

Para las personas que tienen una visa de visita o permiso de trabajo, usted ha ingresado legalmente y ha completado la documentación aduanera necesaria. Aunque se ha quedado más tiempo de su visita, hay un rastro de papel que muestra cómo ingresa a los Estados Unidos. ¿Por qué importa esto, cómo llegué a los Estados Unidos? Ahora importa más que nunca, con nuevas leyes de inmigración firmadas en un proyecto de ley. Con millones de extranjeros indocumentados viviendo en los Estados Unidos. El gobierno ahora está utilizando los puertos de entrada para influir en las personas para que no crucen ilegalmente las fronteras.

Hace años, no importaba cómo un individuo ingresaba al país. Una vez que el peticionario cumplió con el requisito de presentar los documentos de patrocinio, usted estaba seguro de obtener el proceso de solicitud. ¡Ya no! Ahora el USCIS se ha vuelto estricto con el puerto de entrada. Cómo sé esto, mi propio miembro de la familia está ahora en un mundo de problemas debido a eso. Entró en los Estados Unidos legalmente, pero con discrepancias por decir lo menos. La documentación ya no es válida y no puede probar que ingresó a través de la aduana. Como recurso, encontró a su esposa que es ciudadana estadounidense por nacimiento, se casó y tuvo un hijo, pero USCIS requiere que regrese a su país de ciudadanía para completar el proceso. No estoy del todo seguro de si este es un incidente aislado por parte de los Estados de residencia, pero sé de otros casos en los que el individuo regresó a su país y esperó a tener los documentos de USCIS para volver a ingresar a suelo estadounidense.

Esto es muy arriesgado, y honestamente, no lo recomendaría porque corres el riesgo de quedarte atrapado en casa, donde te fuiste por todas las razones, elegimos migrar buscando un pedazo del sueño americano. Además, todos los demás requisitos que pueden salir mal al aplicar retrasan el proceso. En el peor de los casos, ¿qué pasa si su cónyuge decide que esto es demasiado para manejar, la relación a larga distancia y la incertidumbre de que su cónyuge regrese? Esto rompe tremendamente a una familia. Al menos, si te quedas puedes encontrar una laguna en el sistema. Es delgado, pero siempre existe una escapatoria. Solo necesita encontrarlo antes de la legislación que está dificultando a los inmigrantes indocumentados que han violado la ley al elegir puertos de entrada no tradicionales.

Si va a vivir y trabajar en los Estados Unidos hasta que pueda convertirse en residente permanente, pague sus impuestos. Sé lo que estás pensando. ¡Eso es raro! No puedo hacerles saber dónde vivo y que estoy trabajando. ¡Por favor! Piensas que el gobierno es tan estúpido como para pensar que has vivido en Estados Unidos durante varios años y nunca has ganado un centavo. Quieres que sepan que eres un ciudadano honrado que está dispuesto a contribuir a la sociedad estadounidense, incluso en circunstancias adversas. Sí, usted puede pagar impuestos como inmigrante indocumentado. El IRS ha creado un programa solo para personas indocumentadas. Puedo dar fe de ello porque lo he usado personalmente.

Esto se denomina número de identificación fiscal individual (ITIN). Es un número de nueve dígitos al igual que el número de seguro social. Mismo formato 9XX-XX-XXXX con la única diferencia de que el ITIN comienza con el número 9. Para obtener un ITIN y comenzar a pagar impuestos, primero debe presentar una declaración de impuestos. Presentará una declaración de impuestos 1040 para trabajadores por cuenta propia. ¡Sí, me escuchaste correctamente! Esto puede ser hecho por cualquiera de sus profesionales locales de impuestos sobre la renta y no debería costar más de $ 100. Técnicamente, no tiene registros de un ingreso, por lo que cualquier cosa que decida poner como ingreso, depende de usted. Solo estoy diciendo, puedes poner que ganaste solo $ 500 en todo el año. ¿Quién puede decir que eso no es cierto? El hecho del asunto, esta es la única forma de solicitar este número de identificación fiscal.

Deberá presentar la siguiente información junto con la declaración de impuestos. Formulario W-7, declaración de impuestos, prueba de identidad y documentos de estatus extranjero. Envíe por correo a la siguiente dirección:
Servicio de Impuestos Internos
Centro de servicio de Austin
Operación ITIN
Apartado de correos 149342
Austin, TX 78714-9342

Tenga en cuenta que enviará su declaración de impuestos a esta dirección solo una vez para solicitar su número ITIN. Cada año después de eso, presentará su declaración de impuestos como todos los demás al departamento local del IRS de su estado. Como prueba de identidad, puede copiar cualquier tarjeta de identificación que posea, como un pasaporte. No envíe su pasaporte original con su impuesto inicial, no será devuelto después de que procesen su declaración de impuestos.

Una vez más, les dije antes, si es algo que el gobierno de los Estados Unidos odia, es no obtener su parte de los ingresos obtenidos por individuos indocumentados. ¿Cuál es la tasa de desempleo actualmente... ¡demasiado alto! No pueden cobrar impuestos de sus ciudadanos estadounidenses si no están empleados. Le cuesta más al gobierno cuando estos ciudadanos se sientan en casa recogiendo el desempleo son asistencia social. Entonces, ¿por qué no cobrar del extranjero indocumentado que trabaja duro, que saben que trabajará el doble porque no hay un plan alternativo? No hay apoyo del gobierno si quieren ser perezosos. Por lo tanto, es un ganar-ganar para ambas partes. Te acercas un paso más a la residencia permanente y ellos pueden cobrar ingresos no contabilizados. Lo cual si debe calcular el número de inmigrantes indocumentados que viven y trabajan dentro de los Estados Unidos. Eso es millones de dólares en impuestos que el gobierno está perdiendo. Por lo tanto, tiene mucho sentido intentarlo y recuperar los ingresos imponibles perdidos.

Otra cosa que tendrá que hacer es abrir una cuenta bancaria y ahorrar, ahorrar, ahorrar, todo lo que pueda. Ser un individuo indocumentado significa que pagarás por todo lo que hagas. Por lo tanto, tenlo en cuenta. No sigas a tu familia, amigos o compañeros de trabajo tratando de mantenerte al día. Sea frugal en su estilo de vida. Puede disfrutar de las mejores cosas de la vida cuando se convierte en titular de una tarjeta verde.

Formas

Aquí es donde comienza la alegría. Ha hecho todo lo que he mencionado y está listo para comenzar el proceso de solicitud para su cónyuge, padre o hermano / hermana. Puede presentar la mayoría de los formularios electrónicamente en línea en el sitio web de www.USCIS.gov. El primer formulario que deberá presentar es su **I-130**, pero en algunos casos, el cónyuge vive fuera de los Estados Unidos y desea que vengan a los Estados Unidos donde se casará. Luego debe presentar el formulario **I-129F Petición para prometido extranjero**. Este formulario solicitará que su prometido y cualquier hijo puedan llevar a cabo el matrimonio aquí, y solicitar su residencia permanente mientras espera que se apruebe su I-130. Hay una tarifa de presentación no reembolsable de $ 535 asociada con este formulario. Esta tarifa y cualquier otra tarifa deben pagarse antes de que su solicitud esté abierta. La falta de pago de esta y cualquier otra tarifa resultará en que sus documentos le sean devueltos y retrasará su proceso.

El Formulario **I-130 de Petición para Pariente Extranjero** es el formulario más frecuente para la solicitud de residencia permanente, ya sea que usted sea el padre, cónyuge o hermano, este será el formulario que uno debe usar. Este formulario tiene una tarifa de presentación de $535. Tenga en cuenta que si presenta este formulario y el I-129F, solo necesita pagar la tarifa de presentación # 535 una vez. Esto se debe a que el I-129F es una extensión de la petición I-130 para el formulario de pariente extranjero.

Formulario I-485 Solicitud para registrar la residencia permanente o ajustar el estatus. Este formulario le permite cambiar su estado de un extranjero indocumentado ilegal a un titular de tarjeta verde. Hay una tarifa de presentación de $ 1140. Una tarifa biométrica también está asociada con este formulario. Esa tarifa es de $ 85 adicionales. Por lo tanto, la tarifa total para presentar este formulario es de $ 1225. La biometría es un proceso de huellas dactilares en el que durante el proceso de solicitud, se le pedirá a su beneficiario que vaya a su oficina local de USCIS para que le capturen sus huellas dactilares. Ves por qué enfaticé la importancia de no meterte en ningún problema y ser arrestado en ningún momento mientras seas un inmigrante indocumentado. Esta toma de huellas dactilares también es para verificar para asegurarse de que no haya cometido ningún delito y que se le busque en base a la impresión encontrada en cualquier forma de investigación de delitos. Se sorprenderá de cuántas personas se han encontrado tras las rejas, mientras esperan que se complete su solicitud debido a las actividades ilegales en las que participan.

El Formulario I-693 Informe de Examen Médico de Inmigración y Registro de Vacunación deberá presentarse en algún momento del proceso de solicitud. Simplemente ahórrese tiempo a usted y al peticionario / patrocinador enviando este formulario también. No puedo enfatizar esto lo suficiente... Por favor, envíe toda su documentación de una vez. Sí, envía todo en un paquete grande. Este formulario le dará el consentimiento de USCIS para realizar una verificación completa de antecedentes médicos sobre usted. Sí, se le harán pruebas para detectar TODAS las ETS e ITS, si está médicamente apto para trabajar, tiene problemas de salud terminales, etc. Se le notificará dondequiera que viva, en los Estados Unidos o en su país de origen. USCIS tiene un consultorio médico seleccionado que trabaja directamente con la agencia.

Una vez que su resultado esté listo, llame al consultorio del médico. Recibirá un paquete sellado que no debe romperse/abrirse. Este paquete debe enviarse a la oficina de USCIS como se indica en su correo electrónico y notificación por escrito de la oficina de USCIS. Si vive fuera de los Estados Unidos, llevará este paquete a una de sus entrevistas programadas en la Embajada de los Estados Unidos de su país.

Formulario I-698, Solicitud para Ajustar el Estatus de Residente Temporal a Permanente. Deberá presentar este formulario para cambiar su estado de beneficiario a residencia permanente (titular de la tarjeta verde). Este formulario también tiene una tarifa no reembolsable de $ 1670 asociada. Al igual que con todas las otras formas y tarifas discutidas. Son esenciales para que su solicitud sea procesada. Correrá el riesgo de retrasar el tiempo de solicitud si cree que por un minuto, su solicitud será procesada. Lo primero que hace el USCIS es abrir su paquete y buscar el pago.

I-765, Solicitud de Autorización de Empleo. Este formulario permite al beneficiario trabajar mientras espera el resultado de su petición si vive en los Estados Unidos. No hay cargos adicionales asociados con la presentación de este formulario y se presenta junto con el formulario I-485. Los beneficiarios que viven fuera de los Estados Unidos recibirán estos documentos junto con otro paquete de inmigración en su entrevista con la Embajada de los Estados Unidos. La embajada dará instrucciones sobre qué hacer con el paquete.

I-864, Declaración Jurada de Apoyo. Este formulario puede o no ser necesario cuando presente su petición. Este es el formulario de respaldo financiero para las personas que pueden necesitar un cofirmante. Sí, me escuchaste correctamente. No necesito un cofirmante; No estoy comprando un coche. Es posible que se esté comprando un automóvil, pero está comprando una gran responsabilidad monetaria patrocinando a un individuo (s). Recuerde esas declaraciones de impuestos y estados de cuenta bancarios que le dije que el USCIS requerirá presentar el formulario I-130. Aquí es donde determinarán, en función de la información proporcionada en esos documentos, si necesitará presentar una declaración jurada de apoyo (cofirmante).

La persona que figura en el formulario I-864 como patrocinador secundario no se hará cargo del proceso de presentación para su beneficiario. Por lo tanto, no hay necesidad de preocuparse. Sin embargo, necesitarán los mismos documentos de esa persona (s). Tres (3) años de declaraciones de impuestos y estados de cuenta bancarios. No todos querrán asumir ese papel. No todos se sienten cómodos revelando sus finanzas tampoco. Se necesitará mucho convencimiento, ya que no toda persona quiere esa responsabilidad. Su único propósito es ser una columna financiera si las finanzas del peticionario son insuficientes para cubrir a su beneficiario. Sabiendo esto, encontrará que la mayoría de los que desean ayudar simplemente no pueden por razones que no entenderemos.

La familia y los amigos caerán como moscas cuando se les pida que asuman este papel, así que prepárate para escuchar muchas excusas y no devolver las llamadas telefónicas. Sin embargo, no te lo tomes como algo personal, trata de ponerte en sus zapatos. ¿Qué haría si alguien le pidiera que se inscribiera para hacerse cargo de una deuda de $ 100,000 si no cumple con los términos de un préstamo? ¡Seguro! Saltarías preguntando dónde firmar. En una nota seria, la persona es por ley responsable de continuar la solicitud o proporcionar apoyo mientras el beneficiario está esperando la finalización de la petición pendiente.

Su médico

Durante el proceso de solicitud, en algún momento el beneficiario será convocado para realizar un examen médico completo como se mencionó anteriormente. Este examen médico extenso es para asegurarse de que está en buen estado de salud y para recopilar información sobre usted. El USCIS proporcionará una lista de médicos que pueden realizar el examen. Honestamente, este es a menudo el chequeo médico más detallado que un individuo ha tenido en años. A menudo, las condiciones no diagnosticadas se encuentran durante este tiempo que han salvado a muchos. Las pautas religiosas y culturales serán consideradas y manejadas con respeto hacia usted y su familia amada. Por lo tanto, tenga la seguridad de que USCIS no está dispuesto a ofender a ningún grupo étnico o religioso.

No he oído hablar de ninguna persona que haya sido discriminada por cualquier razón de salud, pero saber y comprender qué necesidades médicas requerirá el beneficiario es vital para una transición exitosa donde el tratamiento, las condiciones ambientales, los alimentos, etc. son diferentes. Por ejemplo, soy asmática y he notado que el clima y el clima desencadenan mis ataques de asma, pero solo en la temporada de verano. Ven a descubrir, hay diferentes malezas no nativas de donde crecí, a las que soy alérgica.

Biométrico

Aquí es donde se tomarán las huellas dactilares del beneficiario. ¡Esta es una buena señal! ¡No lo hagas, repito, no llegues tarde a esta cita! Esto significa que está más cerca de completar la solicitud. El USCIS todavía necesita aprender sobre usted si usted es el beneficiario. Si vive en los Estados Unidos o en su país de origen, se le notificará cuándo y dónde capturar las impresiones. USCIS tiene oficinas en todos los estados, deberá traer la carta de notificación original y una forma de identificación. Por favor, no olvide traer estos, son extremadamente estrictos.

La captura impresa se ejecutará a través de varias bases de datos, tanto en los Estados como desde la tierra de ciudadanía del beneficiario. La razón de esto es verificar los antecedentes penales y confirmar lo que se respondió en el formulario I-130. Por lo tanto, sea muy honesto con la aplicación. Si usted es el beneficiario, sea honesto con la persona que presenta la petición en su nombre. Un delito menor simple que podría abordarse si respondiera honestamente, se convertirá en un gran desastre. Ahora, en lugar de explicar el delito menor y ser algo de empatía por parte del agente asignado a su petición. El USCIS lo verá como un posible alto riesgo.

Permiso de trabajo

¿Alguna vez se preguntó por qué las solicitudes de empleo siempre hacen esta pregunta, ¿se le permite legalmente trabajar en los Estados Unidos? Esto se debe a que algunas visas tienen restricciones sobre lo que el portador puede y no puede hacer mientras reside en los Estados Unidos. Para trabajar dentro de los Estados Unidos, debe estar aprobado por la agencia USCIS. Como se mencionó anteriormente, el peticionario presentará el formulario I-765 con todos los demás formularios. Su permiso de trabajo se verá como una tarjeta de identificación estatal con la dirección de su uso y fecha de vencimiento. Necesitará esto para solicitar una tarjeta de seguro social. La Administración del Seguro Social le emitirá una tarjeta temporal que dice "Solo para trabajo". Mantenga su permiso de trabajo en un lugar seguro, será necesario una vez que comience el proceso de búsqueda de empleo.

Si has llegado a este punto, ¡felicidades! Espero haberte servido bien y haberte proporcionado la información necesaria para tu nuevo camino. Recuerde que somos de caminos diferentes, pero hicimos la elección muchos antes de nosotros y después de nosotros tomaremos la decisión de mejorarnos a nosotros mismos. Estados Unidos es la tierra de las oportunidades y por eso tantos quieren experimentarla. Usted o su beneficiario tienen una oportunidad por la que muchos morirán. ¡Disfruta de esta oportunidad! Aprovéchalo al máximo. Es importante destacar que haga que su familia se sienta orgullosa.

A medida que avanza en el proceso y se convierte en titular de una tarjeta verde, espero que su viaje nunca se detenga. Espero que logres todo el éxito que la vida tiene para ofrecer. Basta con que aspire a convertirse en ciudadano de los Estados Unidos. Sin embargo, como residente por naturalización, el USCIS puede revocar estos privilegios. Y con las nuevas regulaciones que se aprueban regularmente, un simple cargo por DUI podría llevarlo a una retención de ICE. El punto es mantenerse alejado de cualquier problema. No naciste aquí, lo que significa que puedes y serás enviado a casa si el gobierno de los Estados Unidos te considera una molestia o un peligro para la sociedad.